A Matt, che mi accompagna al museo quando glielo chiedo.
OL

Ai nostri piccoli lettori. Siamo felici che il nostro Lupo sia il vostro compagno di avventure.
ET

IL LUPO
investigatore al museo

Testi di Orianne Lallemand
Illustrazioni di Éléonore Thuillier

GRIBAUDO

C'era una volta un lupo a cui non piaceva andare al museo.
«I musei sono noiosi» ripeteva a tutti.

Ma ecco che un mattino tutti i suoi amici si presentarono a casa sua: «Oggi ti portiamo al museo» annunciò la sua amata Lupa.
Lupo fece una smorfia ma, poiché era molto innamorato, disse di sì.

Lupardo da Vinci

La visita di Mastro Gufo partì dalla sua opera preferita, un quadro di Lupardo da Vinci, conosciuto in tutto il mondo.
«Questo quadro è stato dipinto intorno al 1503,» cominciò «ne potete ammirare la misteriosa bellezza...»

«È vero, è carina» bisbigliò Valentino voltandosi verso Lupo.

Ma Lupo era già sparito!

Nella sala accanto, Lupo si era fermato davanti a un quadro. Stupito, piegò la testa per guardarlo meglio. Ci vedeva male oppure quella tela era davvero...
bizzarra?

Un piccolo ratto vicino a lui scoppiò a ridere.

«È un ritratto dipinto da Pablup Picassu.
Vieni, non fare quella faccia e seguimi!
Troveremo un'opera d'arte che ti piacerà,
com'è vero che sono Barnaba, il guardiano di questo museo.»

Tutto contento, Barnaba condusse
Lupo nella stanza seguente.
«Ecco la nostra collezione di sculture.
Alcune hanno più di mille anni, altre appena venti!»
«Magnifico!» esclamò Lupo issandosi sul dorso
di un superbo animale bianco.

«Ehi, scendi subito da lì!»
lo rimproverò Barnaba. «È fragile,
è un'opera d'arte...»
In quel preciso istante, scattò una sirena.

BIIIIIIIP!!!!

«È il sistema d'allarme del museo» si preoccupò Barnaba.
«Devo correre, è successo qualcosa.»

Risveglia l'artista che c'è in te!

Lupo cercò di raggiungere Barnaba, ma quel museo era un vero labirinto! Scoraggiato, si fermò in una stanza sorprendente.

Sulla parete, una scritta diceva:
«Risveglia l'artista che c'è in te!».

Lupo si avvicinò per osservare da vicino
un paesaggio innevato. Conosceva quel luogo:
non erano le montagne dell'Himalaya?
«Al ladro! Al ladro!» sentì gridare a quel punto.
Era la voce di Barnaba!

Guidato dalle grida, Lupo ritrovò finalmente il piccolo ratto. Era fuori di sé.
«La nostra maschera tibetana è sparita. È un pezzo unico al mondo, che catastrofe!»
«Stiamo calmi» disse Lupo guardandosi attorno.
«Il ladro non può essere lontano. Quelle non sono le sue tracce?»

ARTE
PRIMITIVA
Lupo

Dodo
Tigre dai denti a sciabola

Seguendo le impronte
Lupo e Barnaba entrarono
in un'immensa galleria...

Impressionato, Lupo si fermò
davanti a uno strano animale.
«È un dodo» gli spiegò
Barnaba «una specie che
oggi non esiste più.»

Lupo restò di stucco.
Decisamente, i musei
erano più interessanti
di quanto pensasse.

All'ingresso della sala seguente
si stagliava un'ombra inquietante.
«Ehm, il ladro di certo non è qui»
balbettò Lupo indietreggiando.
«Sciocco, è solo uno scheletro di
dinosauro!» lo rassicurò Barnaba.
«Dai, sbrigati, le tracce continuano
per di là...»

DINOSAURI

Lupo avanzò circospetto
tra i dinosauri.

Fu allora che vide
qualcosa per terra…
Era un fiocchetto.
Un fiocchetto rosa
coperto di… peli rosa.
Aggrottò le sopracciglia.
I suoi sospetti
erano fondati…

Pensieroso, Lupo si affrettò
a raggiungere il piccolo guardiano.

Pitture rupestri della grotta di Lupscaux
Selce
Lupo

Barnaba lo aspettava vicino a una capanna. Per terra c'erano vasi di terracotta e utensili preistorici.

«Grazie a questi oggetti sappiamo come vivevano i nostri antenati» spiegò Barnaba. «E mi sono appena accorto che manca una selce!»

«Di certo quella che il ladro ha usato per rompere la vetrina della maschera...» mormorò Lupo.

BUM! si sentì allora in fondo alla stanza.

«C'è qualcuno laggiù!» gridò Barnaba.

I due compari si lanciarono all'inseguimento dell'ombra. Senza fiato, Barnaba si fermò davanti al sarcofago del faraone Tutancane.

«Non capisco, questa sala è senza uscita. Si direbbe che il ladro si sia volatilizzato!»

«Io non credo» disse Lupo allungando la zampa verso il sarcofago.

«Ah no!» si arrabbiò Barnaba. «Ti ho già spiegato che non si toccano le opere d'arte!»

Ma quello che c'era all'interno gli tolse il respiro...

Dentro il sarcofago c'era... la signorina Yeti!
Teneva tra le braccia la maschera rubata.
«Sospettavo che fossi tu» sospirò Lupo. «Dai, esci di lì.»

La signorina Yeti scoppiò in un pianto dirotto.
«M-mi d-di-dispia-piace» singhiozzò. «Ma qu-questa ma-maschera assomiglia t-talmente a m-mio p-papà. Non ho po-potuto resistere.»
«Su, su, smetti di piangere» disse il piccolo ratto, commosso. «Andiamo a rimetterla al suo posto e nessuno saprà niente.»

Mentre il lupo raggiungeva gli altri, i suoi occhi furono attirati da un dipinto: sembrava il suo bosco, ma molto più bello. Con il cuore che batteva forte, si sedette per ammirarlo.

«Ecco!» si rallegrò Barnaba dietro di lui. «Un colpo di fulmine artistico! L'arte emoziona, trascina, fa viaggiare.
Ti avevo detto che avremmo trovato l'opera che ti piaceva.»

Lupo restò a lungo
a contemplare la tela,
poi raggiunse i suoi amici.
Erano ancora davanti
ai dipinti ad ascoltare
Mastro Gufo.

Volpard Monch

«Ah, eccoti, Lupo!» lo rimbrottò il vecchio Gufo. «Credevo che avresti fatto uno sforzo per apprezzare il museo... Appena arrivati, sei sparito.»

«Dove sei stato?» Lupa chiese a Lupo all'uscita dal museo.

«Mi sono arrampicato su un orso bianco, ho incontrato un dodo, sono sfuggito a un terribile dinosauro, ho risolto un mistero e ho fatto una passeggiata in un bosco meraviglioso» rispose Lupo. «Avevate ragione, amici, i musei sono appassionanti! Quando ci torniamo?»

Salvador Dalup

IL LUPO INVESTIGATORE AL MUSEO

Titolo originale: *Le loup qui enquêtait au musée*
Traduzione: Daniela Gamba

PER L'EDIZIONE ITALIANA:

Socio Unico Giangiacomo Feltrinelli Editore srl
Via Andegari, 6 - 20121 Milano
info@gribaudo.it - www.feltrinellieditore.it/gribaudo/

Prima edizione 2016 [10(G)]: 978-88-580-1628-2

Stampato in Cina